小学《しょうがく》1年生《ねんせい》の

こくご

がんばるみんなのための

ちいかわドリル

JN040797

キャラクターしょうかい

ちいかわ

なんか 小《ち》さくて かわいい やつ。
ちょっぴり なき虫《むし》。
草《くさ》むしりや とうばつを して
生《せい》かつして いる。

ハチワレ

あかるくて げん気《き》。
ときどき けだまを はく。
ギターを ひきながら
うたうのが とくい。

うさぎ

こわい もの しらず。
「ウラ」「ヤハ」と こえを 出《だ》す。
プリンの 上《うえ》で
すべるのが とくい。

モモンガ

まわりを こまらせる ことが おおい。
わざと ないて かわいこぶる
ことが ある。

くりまんじゅう

おさけと おつまみが すき。
おいしい ものを たべると
「ハーッ」 と いきを はく。

ラッコ

ちいかわたちの あこがれ。
とうばつランキングで
トップに かがやく ランカー。

よろいさん たち

ものづくりが とくいな よろいさんや，
しごとを しょうかいする
よろいさんなどが いる。

シーサー

ラーメンやで はたらいて いる。
ラーメンの よろいさんを
「おししょう」 と よぶ。

パジャマパーティーズ

パジャマを きて いる グループ。
「ウ ウ・ワ・ワ ウワッ」 と
うたって おどる。

いろいろな こわい やつ

とつぜん 出《で》て きて おそって くる。とうばつを して やっつけたり する。

このドリルについて

① 1回10分でできるからやりきれる!!

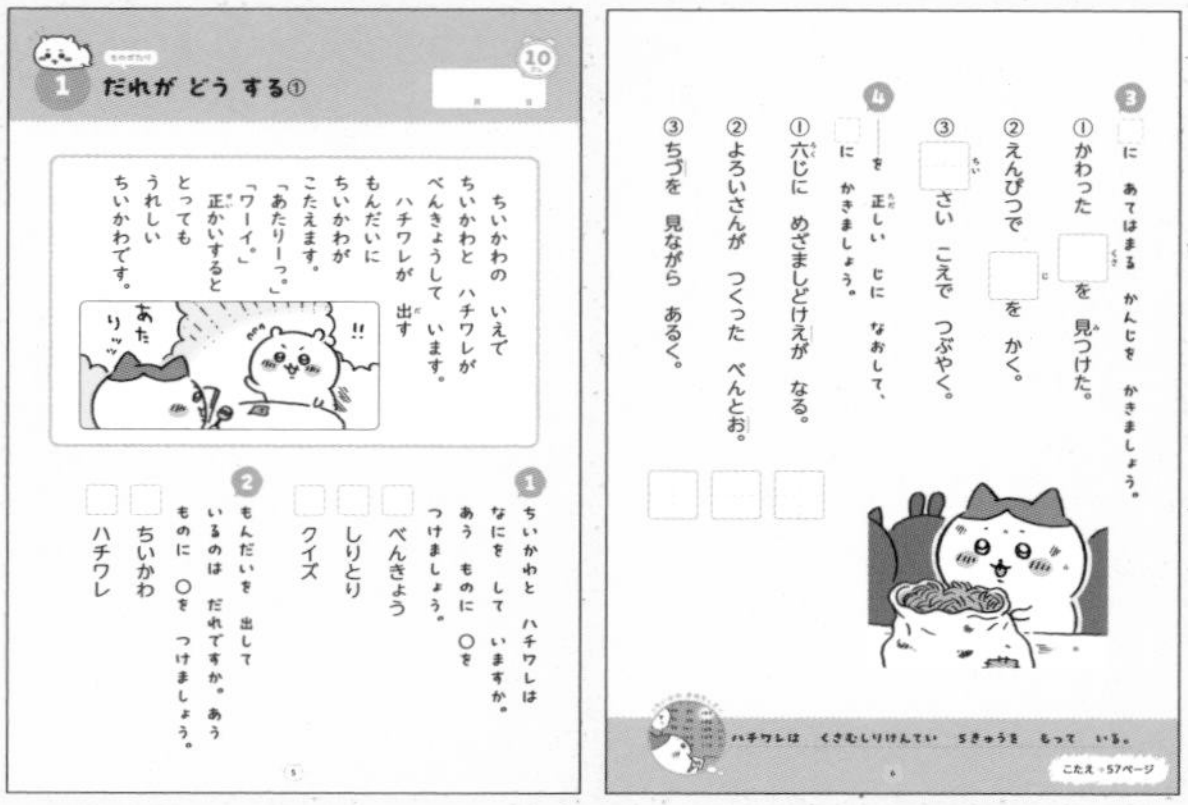

表と裏で10分で
取り組めるようにしてあります。
短い時間でできるから,
集中力が続きます。
途中のごほうびページで
モチベーションも
アップします。

▲ちいかわまめちしき つき!

② おうちの方と丸をつける!

問題が解けたら,丸つけをしてください。
アドバイスがあるから,おうちの方にも
わかりやすくなっています。

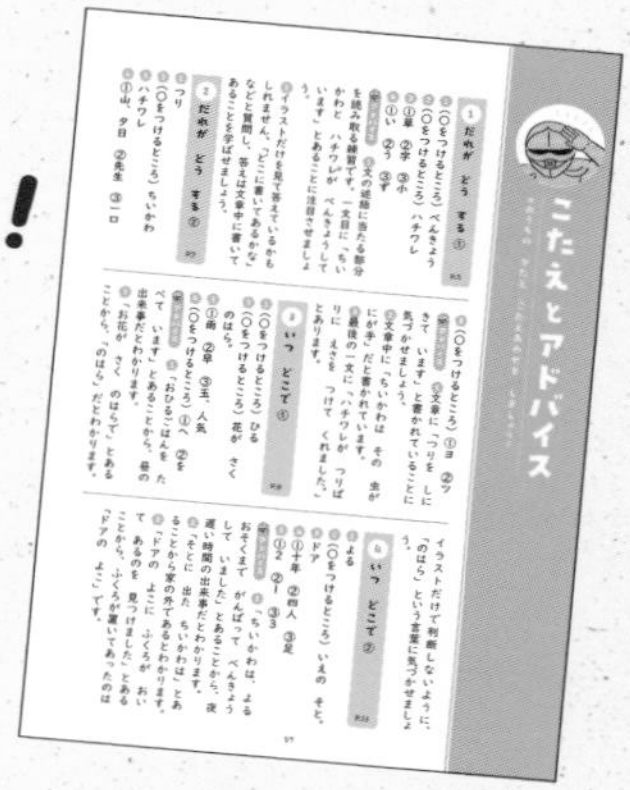

③ かわいいシールでやる気が出る!

丸つけが終わったら,
裏表紙の「たっせいするぞシート」にシールを貼りましょう。
あまったシールは自由に使ってください。

1 だれが どう する①

10ぷん

月　日

ちいかわの いえで
ちいかわと ハチワレが
べんきょうして います。
ハチワレが 出《だ》す
もんだいに
ちいかわが
こたえます。
「あたりーっ。」
「ワーイ。」
正《せい》かいすると
とっても
うれしい
ちいかわです。

1 ちいかわと ハチワレは なにを して いますか。あう ものに ○を つけましょう。

□ べんきょう
□ しりとり
□ クイズ

2 もんだいを 出して いるのは だれですか。あう ものに ○を つけましょう。

□ ちいかわ
□ ハチワレ

3

□に あてはまる かんじを かきましょう。

①かわった □《くさ》を 見《み》つけた。

②えんぴつで □《じ》を かく。

③□《ちい》さい こえで つぶやく。

4

――を 正《ただ》しい じに なおして、
□に かきましょう。

①六《ろく》じに めざましどけえが なる。

②よろいさんが つくった べんとお。

③ちづを 見ながら あるく。

□ □ □

ちいかわ まめちしき

ハチワレは くさむしりけんてい 5きゅうを もって いる。

こたえ→57ページ

2 だれが どう する②

ちいかわと　ハチワレは
つりを　しに　きて　います。
「ハイ、コレ
つりばりに
つけてッ。」
ハチワレに
虫《むし》を
わたされたけれど、ちいかわは
その　虫が　にが手《て》。
どうしても　さわれません。
ためらって　いると、
「こう　やって……つけるんだよォ。」
ハチワレが　つりばりに
えさを　つけて　くれました。

1 ちいかわと　ハチワレは　なにを　して　いますか。

2 えさの　虫が　にが手なのは　だれですか。あう　ものに　○を　つけましょう。

ちいかわ

ハチワレ

3 つりばりに　えさを　つけて　くれたのは　だれですか。

4

□に あてはまる かん字《じ》を かきましょう。

① □《やま》の むこうに □《ゆう》□《ひ》が しずむ。

② □《せん》□《せい》に しつもんを する。

③ プリンを □《ひと》□《くち》で たべる。

5

小《ちい》さく かく 字を ひとつ えらんで、○を つけましょう。

れい おそろいの パジ(ヤ)マを きる。

① チヨコレートあじの おかし。

② ホツトケーキの はしを かじる。

ちいかわ まめちしき

うさぎは 草《くさ》むしりけんてい 3きゅうを もって いる。

こたえ→57ページ

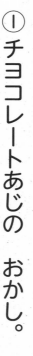

3 いつ どこで①

10ぷん

月　日

ハチワレは　お花《はな》が　さく
のはらで　おひるごはんを
たべて　います。スープと
サンドイッチを　もって
きました。サンドイッチには
スライスチーズが　はさんで
あります。
「スープで……おなか
あったかく　なった。」
　ハチワレは
よこに　なって
ひなたぼっこを
はじめました。

1 いつの　できごとですか。
あう　ものに　○を
つけましょう。

- あさ
- ひる
- よる

2 ハチワレが　いる　ところに
○を　つけましょう。

- 花が　さく　森《もり》。
- 花が　さく　のはら。

3

□に あてはまる かん字《じ》を かきましょう。

① とつぜん □《あめ》が ふりはじめる。

② あさ □《はや》く せんたくを する。

③ けん□《だま》おじさんは □《にん》□《き》もの。

4

{ } から 正《ただ》しい ほうを えらんで、○を つけましょう。

れい ハチワレ {は・わ} カメラを 手《て》に 入《い》れた。（「は」に○）

① ちいかわが ろうどう {へ・え} いく。

② みんなで 力《ちから》 {お・を} あわせる。

★ちいかわ まめちしき★

ラッコは あまい ものに 目《め》が ない。

こたえ→57ページ

4 いつ どこで②

ちいかわは、よる
おそくまで がんばって
べんきょうして いました。
ちょっと 気《き》ぶんてんかん。
そとに 出《で》た ちいかわは、
ドアの よこに ふくろが
おいて あるのを
見《み》つけました。なんだろう。
「ア!!」
じめんに
ハチワレの
にがおえが
かいて
あります。

1 いつの できごとですか。

□ おそい じかん。

2 ちいかわが ふくろを 見つけた ところに ○を つけましょう。

□ いえの 中《なか》。

□ いえの そと。

3 ふくろは どこに おいて ありましたか。

□ の よこ。

4 □に あてはまる かん字《じ》を かきましょう。

① □《じゅう》□《ねん》 まえに とった しゃしん。

② □《よ》□《にん》で グループを つくる。

③ かけ□《あし》で すすむ。

5 やじるしの ぶぶんは なんばん目《め》に かきますか。 すう字で かきましょう。

① 水 □ ばん目

② 学 □ ばん目

③ 天 □ ばん目

ちいかわ まめちしき

ちいかわは うたごえが いい。

こたえ→57ページ

5 なんの はなし①

10ぷん

月　日

ちいかわの　いえは、
白《しろ》くて、かまくらのような
かたちを　して　います。
いり口《ぐち》の　ひょうさつには
ちいかわの　かおが　かいて
あります。そして、まわりには
おなじような　いえが
たくさん　たって　います。

1 なにに ついて かかれて いますか。あう ものに ○を つけましょう。

- [ ] ちいかわの　いえ。
- [ ] ちいかわの　かぞく。

2 どんな いえですか。あう ものに ○を つけましょう。

- [ ] 青《あお》い　いえ。
- [ ] かまくらのような　かたちを　した　いえ。
- [ ] 一《いっ》けんだけ　ぽつんと　たつ　いえ。

3

□に あてはまる かん字《じ》を かきましょう。

①おもちが □《ふた》つ □《はい》った おしるこ。

②たくさんの どうぶつが すむ □《もり》。

③うさぎの ながい □《みみ》。

4

｛　｝から 正《ただ》しい ほうを えらんで、○を つけましょう。

①やきそばを ごはん ｛に／も｝ のせる。

②シーサーは ラーメンの よろいさん ｛が／の｝ でし。

③がんばって しかく ｛と／を｝ とる。

ちいかわたちは ぶきを もって いる。

こたえ→58ページ

6 なんの はなし②

10ぷん

月　日

ちいかわは　ポシェットを　もって　います。いろは　ピンクで、くまの　かおの　かたちを　して　います。

ポシェットは、ポシェットの　よろいさんから　かいました。ポシェットの　よろいさんの　手《て》づくりです。

　ポシェットの　よろいさんも　じぶんで　つくった　ポシェットを　つかって　います。

1 なにに　ついて　かかれて　いますか。

ちいかわの
[　　　　　　]に
ついて。

2 **1** は　どんな　とくちょうが　ありますか。あう　ものに　○を　つけましょう。

- □ ねこの　かおの　かたちを　して　いる。
- □ ポシェットの　よろいさんと　おそろい。

3 □に あてはまる かん字《じ》を かきましょう。

① かおが □《あか》く なる。

② □《しろ》い □《いぬ》を かう。

③ □《がっ》□《こう》で ともだちと あそぶ。

4 「、」や「。」の つかいかたが 正《ただ》しい ほうに ○を つけましょう。

① （　）モモンガの あたまを なでる。
（　）モモンガの あたまを なでる、

② （　）くりまんじゅうは、おでんが すき。
（　）くりまんじゅうは。おでんが すき。

中《なか》が ジュースみたいに なって いる みが ある。

こたえ→58ページ

7 だれが どう する③

きょうは、
ちいかわの いえで
すきやきパーティーです。
うさぎと
ハチワレも
いっしょです。
「いただきます。」
「もぐもぐ……。」
「す・き・や・ー・き。
なんか すっごく おいしい
おあ～じ～。」
ハチワレが
うたいだしました。

1 ちいかわたちは、なにを して いるのですか。

みんなで、
［　　　　］パーティーを して いる。

2 うたを うたいだしたのは、だれですか。○を つけましょう。

□ ちいかわ
□ うさぎ
□ ハチワレ

3

□に あてはまる かん字《じ》を かきましょう。

① ねころんで □《そら》を □《み》□《あ》げる。

② □《こ》どもが あつまる こうえん。

③ くつ□《した》に あなが あく。

4

——の よみかたを かきましょう。

① 火《　》よう日《び》に ごみを 出《だ》す。

② まいしゅう 木《　》よう日に かいものに いく。

③ 土《　》よう日と 日《　》よう日は お休《やす》みです。

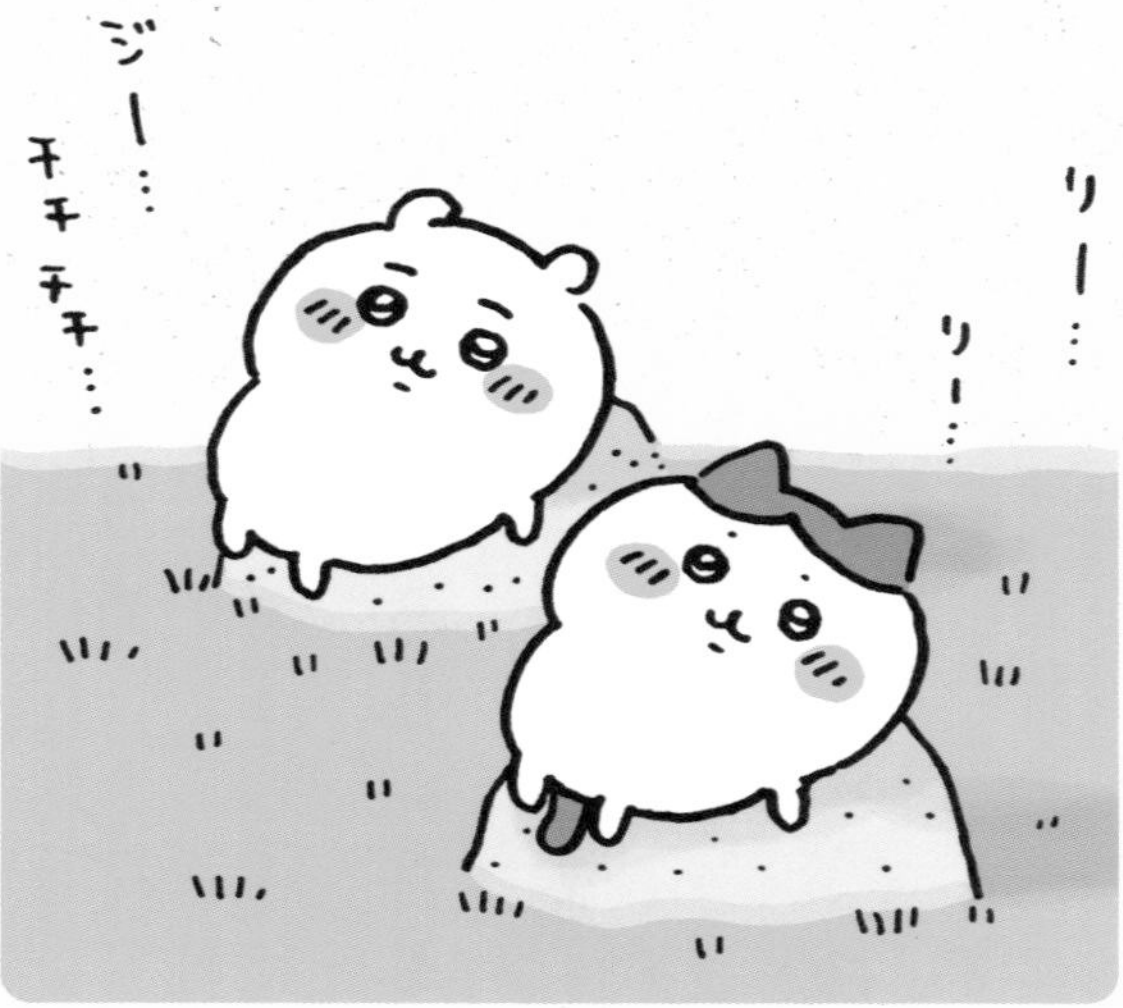

ろうどうの あとの ごはんは おいしい。

こたえ→58ページ

8 だれが どう する④

10ぷん

月 日

ハチワレが ふしぎな
あるきかたを して います。
「くろい トコ
ふまないように してるの。」
ちいかわも まねして
やって
みました。
「わ……。」
これは
けっこう
いいかも。
でも、気《き》が つくと めの
まえには、くろい トコしか
ありません。

1 ハチワレが して いる ことに ○を つけましょう。

□ くろい トコだけを ふんで あるく。

□ くろい トコを ふまないで あるく。

2 ハチワレと いっしょに いるのは だれですか。

□

3

□に あてはまる かん字《じ》を かきましょう。

① □《ひゃく》□《えん》の おかしを かう。

② □《むら》の はずれに ある いえ。

③ □《め》に なみだを うかべる。

4

はんたいの いみの ことばを、□から えらんで かきましょう。

① 小《ちい》さい ↔ □

② 上《うえ》 ↔ □

③ 左《ひだり》 ↔ □

④ 出《で》る ↔ □

大《おお》きい　右《みぎ》　入《はい》る　下《した》

ちいかわ まめちしき

ポシェットの よろいさんは ものづくりが すき。

こたえ→59ページ

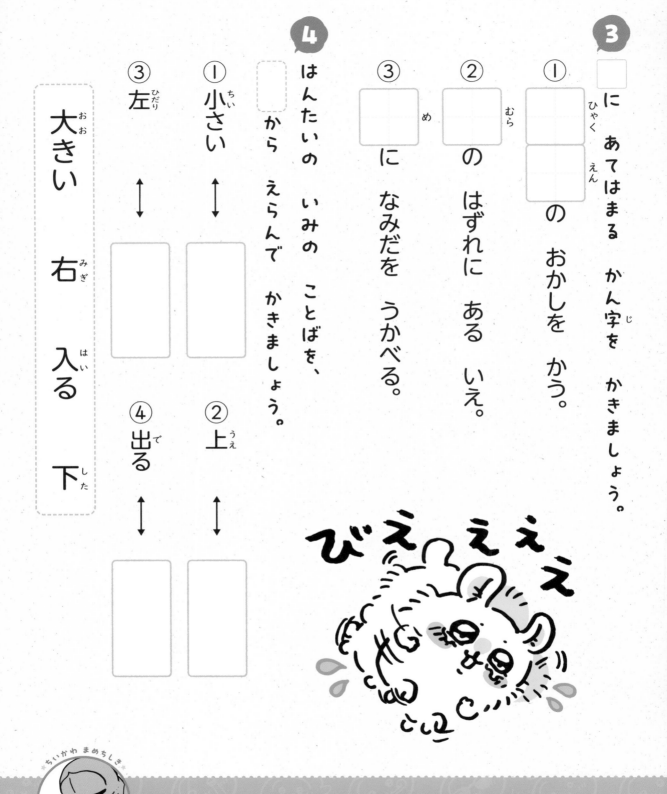

9 いつ どこで③

10ぷん

月　日

よろいさんたちは
おべんとうを　もって
ピクニックに　出《で》かけました。
だけど、とつぜん　大雨《おおあめ》に。
大あわてで　どうくつに
にげこむと、
そこは
ハチワレの
いえでした。
　ちょうど
べんとうを　たべようと
して　いた　ハチワレと
よろいさんたちは　なかよく
おひるごはんを　たべました。

1 いつの　できごとですか。あう　ものに　○を　つけましょう。

□ 大雨の　日《ひ》。

□ よく　はれた　日。

2 よろいさんたちは　どこに　いますか。あう　ものに　○を　つけましょう。

□ だれも　いない　どうくつ。

□ ハチワレの　すむ　どうくつ。

3

□に　あてはまる　かん字《じ》を　かきましょう。

① たまごボーロの　においが　する　□《むし》。

② おふろの　□《なか》で　うたを　うたう。

③ □《おと》を　たてずに　あるく。

4

□に「、」か「。」を　かきましょう。

① シーサーは□ラーメンやで　はたらいて　いる。

② ラッコに　とっくんを　うける　ハチワレ□

③ うさぎに　もらった　石《いし》は□とても　きれいだ。

ちいかわ　まめちしき

うさぎは　おそばを　3ばい　たべた。

こたえ→59ページ

ごほうび①

せんつなぎと カタカナパズル

10ぷん

月　日

1 五十音《ごじゅうおん》じゅんに，「あ」から 「ん」まで せんで つなぎましょう。

2 ○△□に　おなじ　カタカナを　入《い》れて，ことばを　つくりましょう。

○ッコ　　プリ□

カ△○　　○ー△□

○□ドセル

△ロ□パ□

○＝＿＿＿＿　△＝＿＿＿＿　□＝＿＿＿＿

こたえ→59ページ

10 いつ どこで④

10ぷん

月　日

はるに　なりました。
ちいかわと　ハチワレと
うさぎは、さくらの　木《き》の　下《した》で
おはなみを　して　います。
「つぎ、うた　うたおっかァ!!」
「ア!!」
ハチワレは
ギターを
もって　きて
いました。
みんなで
かわりばんこに
ギターを　ひきます。

1 きせつは　いつですか。あう　ものに　○を　つけましょう。

□ はる　□ なつ

□ あき　□ ふゆ

2 ちいかわたちは　どこに　いますか。

□の　木の　下。

3 ハチワレは　なにを　もって　きましたか。

□

4

□に あてはまる かん字《じ》を かきましょう。

① あたまに つけた □《はな》を □《み》て もらう。

② おなじ えを □《みっ》つ そろえる。

③ おにぎりを □《て》で にぎる。

5

——の かん字の よみかたを 下《した》から えらび、——で つなぎましょう。

① 月よう日《び》 ・ ・ きん

② 金よう日 ・ ・ すい

③ 水よう日 ・ ・ げつ

ちいかわ まめちしき

ハチワレは 気《き》が きく。

こたえ→59ページ

11 なんの はなし③

ハチワレの いえは、どうくつです。入《い》り口《ぐち》に とびらは ありません。だから、だれでも 入《はい》れます。ことりが 入って きて だいじな リボンを もって いって しまった ことが あります。よろいさんたちが 雨《あま》やどりを しに 入って きた ことも ありました。

1 なにに ついて かかれて いますか。あう ものに ○を つけましょう。

- [ ] ちいかわの いえ。
- [ ] ハチワレの いえ。

2 ハチワレは どこに すんで いますか。

[　　　]

3 いえの とくちょうは なんですか。

入り口に [　　　] が ない。

4

□に あてはまる かん字《じ》を かきましょう。

①お□《き》に□《い》りの□《あお》い リボン。

②きれいな□《いし》を ひろう。

③となり□《まち》へ かいものに いく。

5

□に はいる ひらがなを、□から えらんで かきましょう。

①おいしい もの□ たべる。

②ハチワレ□ つよく なりたい。

は　へ　を

ちいかわ まめちしき

だしが 出《で》て くる 木《き》が ある。

こたえ→60ページ

せつめい文《ぶん》

12 なんの はなし④

10 ぷん

月　日

ちいかわたちの　すむ
森《もり》には、たきたての　ごはんが
わく　ばしょが　あります。
ぜんぶ　たべて　しまっても
だいじょうぶ。ふたを
しめれば　また　もとどおり。
ほかほか　ごはんで
いっぱいに　なります。

1 ちいかわたちの　すむ　森には、どんな　ばしょが　ありますか。

たきたての［　　　　］が　わく　ばしょ。

2 どう　すれば　もとどおりに　なりますか。あう　ものに　○を　つけましょう。

□ ぜんぶ　たべる。
□ ふたを　しめる。
□ ふりかけを　かける。

3

□に あてはまる かん字《じ》を かきましょう。

① □《みず》ぶろに ゆっくり つかる。

② おみせで お□《かね》を はらう。

③ ものがたりの かんそう□《ぶん》を かく。

4

——の よみかたを かきましょう。

① 六日ごに また あいましょう。（　　）

② しけんの 日《ひ》まで あと 九日。（　　）

③ ともだちの たんじょう日は 五月《ごがつ》一日。（　　）

ちいかわは 本《ほん》ばんに よわい。

こたえ→60ページ

ごほうび②

しりとりめいろと かん字パズル

10 ぷん

月　　日

1 スタートから　ゴールまで　しりとりで　すすみましょう。

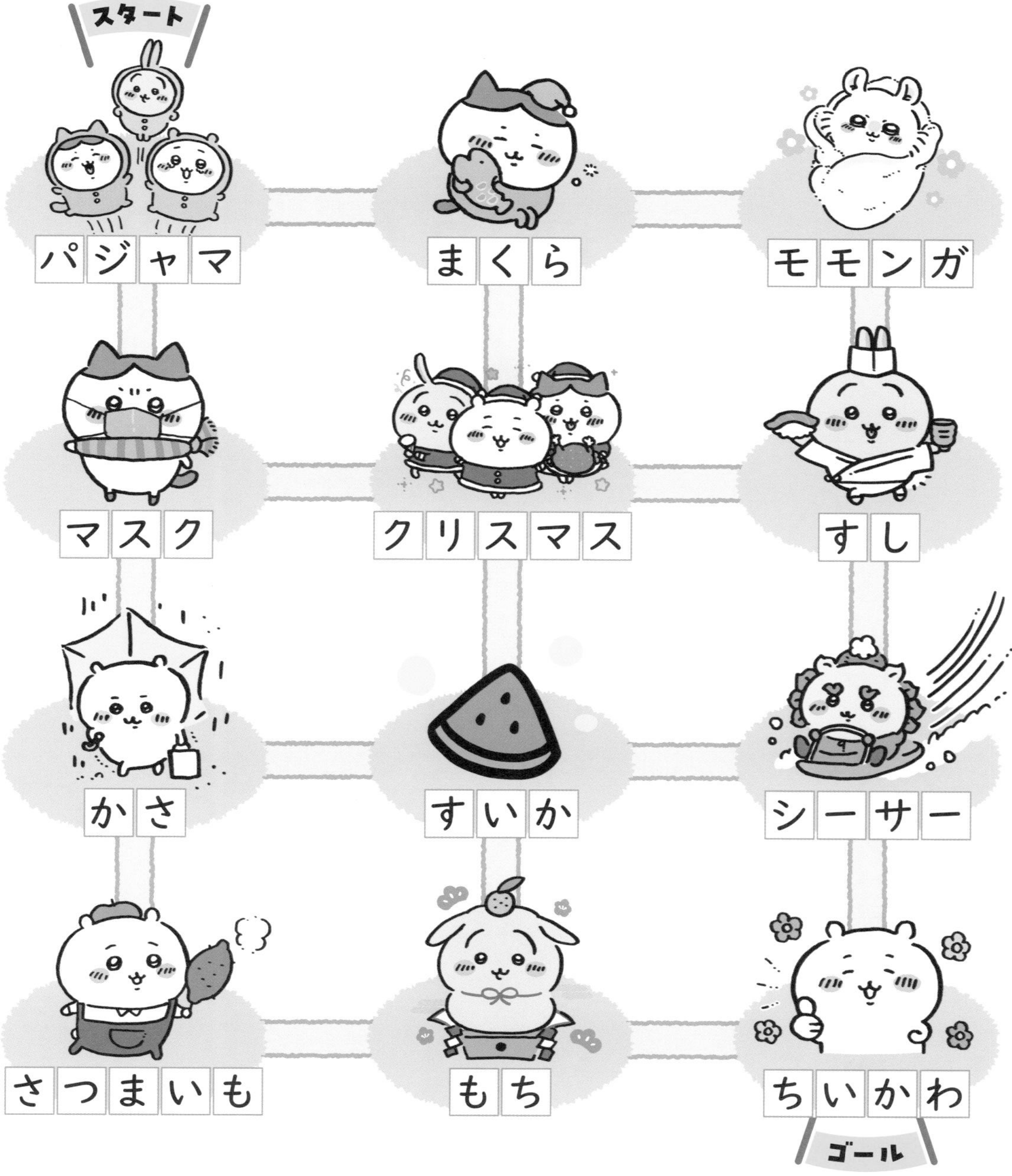

2 □と □の 中《なか》に ある ほしの かたちの ピースを 1つずつ くみあわせて かん字《じ》を つくります。できた かん字を 5つ かきましょう。

タ　立　田

艹　木

林　力　口

日　早

できた かん字

こたえ→60ページ

ものがたり

13 どんな ようす①

10ぷん

月　日

あしたは、クリスマス。
ちいかわたちは、
サンタさんと
トナカイへの
さし入《い》れを
まくらもとに
おいて、
ねむりに
つきます。
サンタさんは
たべて くれるでしょうか。
　ちいかわたちは、あしたの
あさが たのしみで
しかたが ありません。

1 いつの はなしですか。

□ の まえの 日《ひ》。

2 ちいかわたちの ようすに あう ものに ○を つけましょう。

□ めそめそして いる。
□ わくわくして いる。
□ いらいらして いる。

3

□に あてはまる かん字《じ》を かきましょう。

① ラッコが □《くるま》を うんてんする。

② ふるい □《ほん》を よむ。

③ □《き》のみを しぼった ジュース。

4

やじるしの ぶぶんは なんばん目《め》に かきますか。 すう字で かきましょう。

① 円 □ ばん目

② 右 □ ばん目

③ 気 □ ばん目

ハチワレは、コースりょうりを ふるまった。

こたえ→61ページ

14 どんな ようす②

10ぷん

月　日

ちいかわと　ハチワレは
森《もり》で　でっかい　どらやきを
見《み》つけました。どらやきの
なかみは　なんでしょう。
ちいかわと　ハチワレは
どらやきの　中《なか》を
のぞきこみました。
すると……。
どらやきの
中から
うさぎが
出《で》て　きて
びっくり。どうやら　ふとんに
して　いたようです。

1 どらやきを　見つけた　ときの　ちいかわと　ハチワレの　ようすに　あう　ものに　○を　つけましょう。

□ どらやきが　たべたくて　しかたない　ようす。

□ どらやきの　なかみが　しりたい　ようす。

2 うさぎが　出て　きた　とき、ちいかわと　ハチワレは　どんな　ようすでしたか。

（　　　　）した　ようす。

3

□に　あてはまる　かん字《じ》を　かきましょう。

①□《おう》さまの　すむ　おしろ。

②□《ろく》じに　しごとが　おわる。

③□《おお》□《おとこ》を　つかまえる。

4

□に　入《はい》る　ことばを、□から　えらんで　かきましょう。

①うさぎの　目《め》が　□　ひかる。

②ラッコが　ドアを　□　あける。

ぐにゃっと　ガチャッと　ピカッと

ちいかわ　まめちしき

シーサーは　スーパーアルバイターの　しかくを　もつ。

こたえ→61ページ

15 どんな 気もち①

ちいかわと ハチワレ、
うさぎは、アイスを たべて
います。
「あたり 出《で》ろ。」
そう いいながら、たべて
います。でも、
たべおわった
アイスの
ぼうには
なにも かいて
ありませんでした。
ちいかわは しょんぼり。
「なかなか 出ないよねェ。」
ハチワレが なぐさめます。

1 アイスを たべて いる とき、ちいかわたちは どんな 気《き》もちですか。あう ものに ○を つけましょう。

□ わくわく

□ がっかり

2 アイスを たべおわった とき、ちいかわは どんな 気もちですか。あう ものに ○を つけましょう。

□ かなしい 気もち。

□ うれしい 気もち。

3

□に あてはまる かん字《じ》を かきましょう。

① □《か》びんを へやに かざる。

② □《てん》ぷらに しおを つけて たべる。

③ すなはまで □《かい》がらを ひろう。

4

――の よみかたを、□から えらんで かきましょう。

① 二日

② 十日

③ 八日

④ 五日

ふつか　いつか　とおか　ようか

ちいかわ まめちしき

むちゃうマンは　やさしい　ヒーロー。

こたえ→61ページ

ものがたり

16 どんな 気もち②

10ぷん

月　日

ポシェットの　よろいさんは、
じぶんで　つくった　パジャマを
おみせで　うって　います。
　ある　日《ひ》、ポシェットの
よろいさんの　ところへ　だれかが
手《て》がみを　もって　きました。
手がみには
「パジャマ　サイコウーです。
いつも　きてる。」
の　ことばが。
ポシェットの
よろいさんは
とても
よろこびました。

1 手がみに　こめられた　気《き》もちに　あう　ものに　○を　つけましょう。

□ ポシェットの　よろいさんの　パジャマは　いらない。

□ ポシェットの　よろいさんの　パジャマが　すき。

2 手がみを　よんだ　ポシェットの　よろいさんは　どんな　気もちですか。あう　ものに　○を　つけましょう。

□ かなしい　気もち。

□ うれしい　気もち。

3

□に あてはまる かん字《じ》を かきましょう。

①□《みぎ》と□《ひだり》を たしかめて どうろを わたる。

②ぶどうを □《きゅう》つぶ たべる。

③ねん□《ど》で だんごを つくる。

4

「なに（だれ）が」に あたる ところに ——を ひきましょう。

①よろいさんが つくった ポシェット。

②けんしょうで すきやきが あたった。

③おなかの すいた モモンガが ごはんを たべる。

ちいかわ まめちしき

くすりに なる 木《き》のみが ある。

こたえ→61ページ

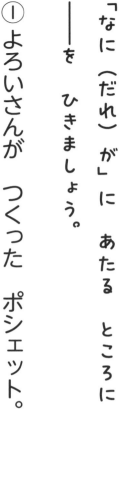

17 だいじな ところ①

すこし かわった マンボウが います。いつも 空中《くうちゅう》を ただよって います。

この マンボウの すごい ところは、せなかに のれる ところです。でも、どこへ いくかは わかりません。じゆう 気《き》ままな マンボウです。

1 マンボウは いつも どこに いますか。

［　　　］を ただよって いる。

2 マンボウの すごい ところは どこですか。あう ものに ○を つけましょう。

□ およぎが うまい ところ。

□ せなかに のれる ところ。

3

□に　あてはまる　かん字《じ》を　かきましょう。

①なべを　□《ひ》に　かける。

②□《た》うえの　てつだいを　する。

③□《たけ》ざいくの　かご。

4

はんたいの　いみの　ことばを、□に　かきましょう。

①たかい　↔　□

②みじかい　↔　□

③さむい　↔　□

ちいかわ　まめちしき

パンを　やける　いわが　ある。

こたえ→62ページ

だいじな　ところ②

うさぎの　いえは　どこに
あるのでしょうか。
　ちいかわと　ハチワレも、
うさぎが　いつも　どこに
かえるのか　気《き》に　なって
あとを　つけた　ことも
あります。でも、すぐに
気づかれて　しまいました。
うさぎの　いえは、まだ
だれも　しりません。

1 なにに　ついて　かかれて　いますか。あう　ものに　○を　つけましょう。

□ うさぎが　いつも　なにを　して　いるのか。

□ うさぎの　いえは　どこに　あるのか。

2 **1**の　こたえに　あう　ものに　○を　つけましょう。

□ ちいかわと　いっしょに　すんで　いる。

□ ちいかわたちも　しらない。

3

□に あてはまる かん字《じ》を かきましょう。

① わすれられない おもい□《で》。

② □《つき》に ねがいごとを する。

③ □《ちから》いっぱい おうえんする。

4

｛　｝から 文《ぶん》に あう ほうを えらんで、○を つけましょう。

① みんなで ｛ザーザー／パチパチ｝ 手《て》を たたく。

② ちいかわが ｛ニコニコ／バタバタ｝ わらう。

③ くりまんじゅうが ｛ゴクゴク／グツグツ｝ のみものを のむ。

ちいかわ まめちしき

パンを やける いわは、ピザも やける。

こたえ→62ページ

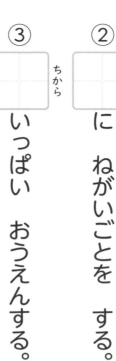

かん字パズルと ひらがなパズル

10ぷん

月 日

1 かん字《じ》の ちょうど まん中《なか》で いろがみを おりました。**れい**に ならって もとの かん字を かきましょう。

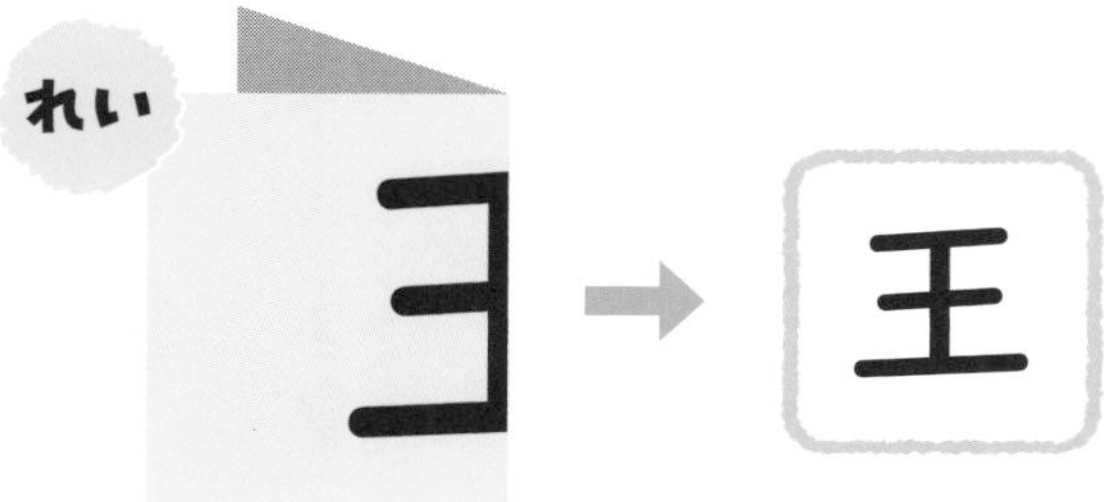

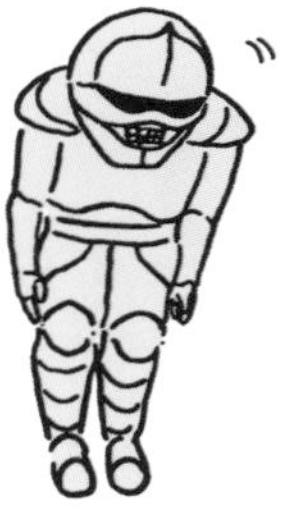

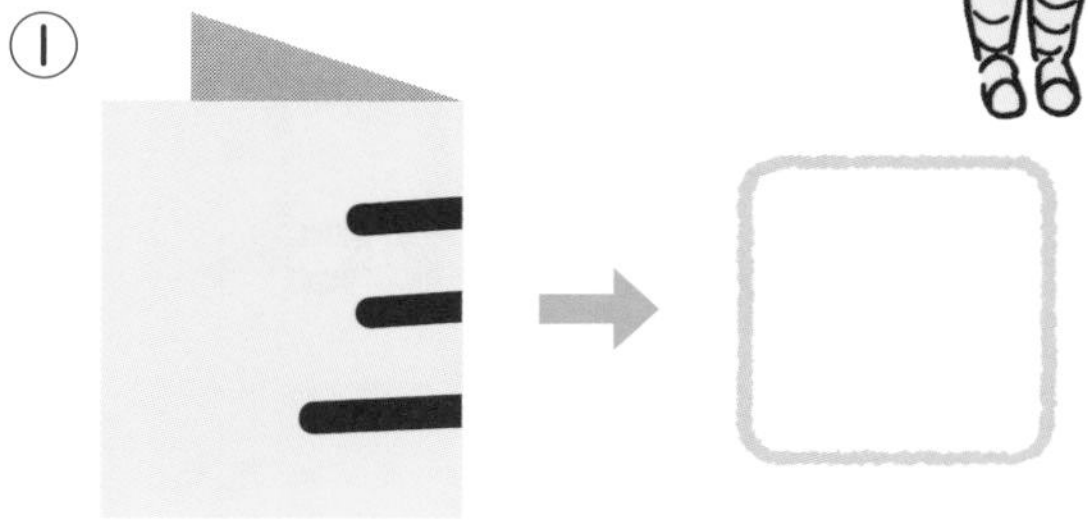

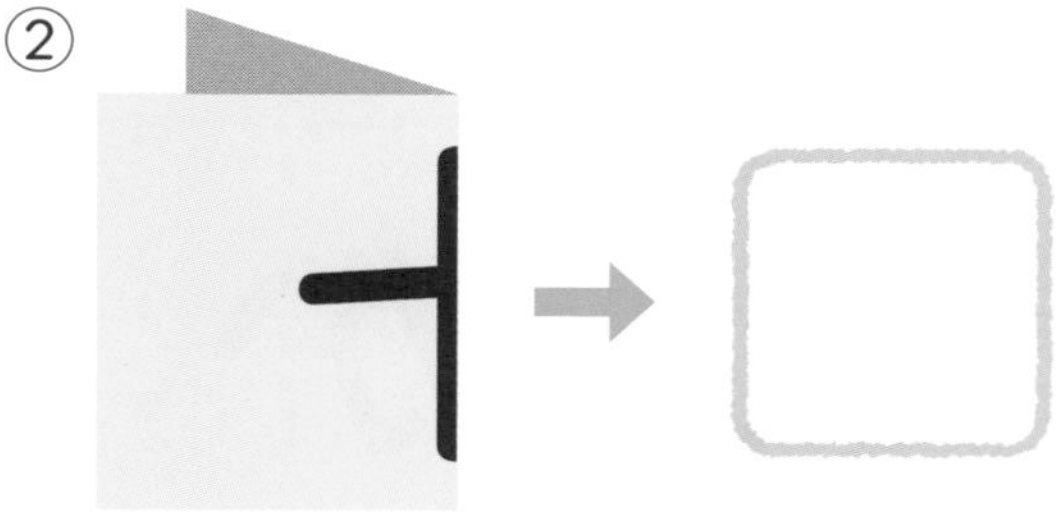

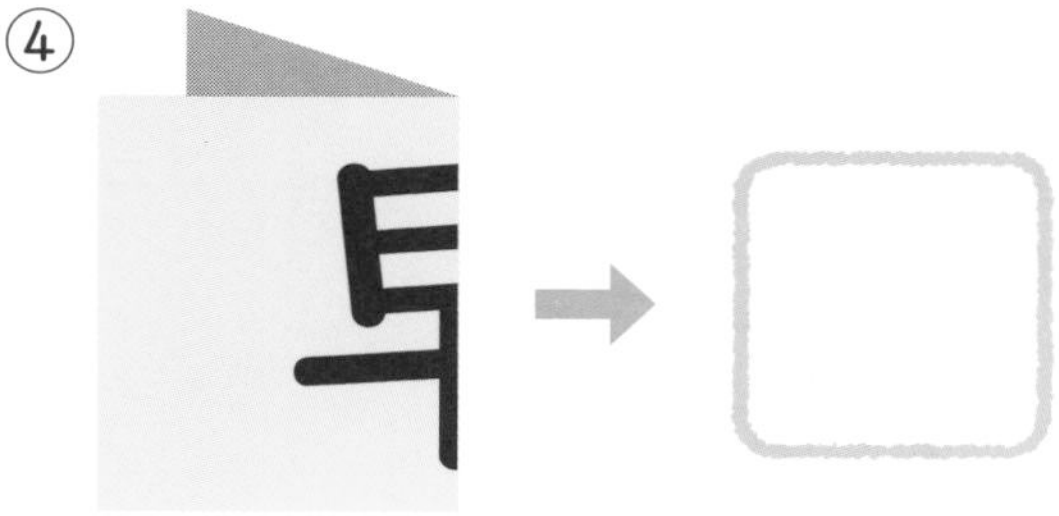

2 3文字《もじ》の　ことばを　9つ　見《み》つけて，れいのように　○で　かこみましょう。

★ことばは　左《ひだり》から　右《みぎ》と，上《うえ》から　下《した》に　よもう。
★あと　8つ　あるよ！

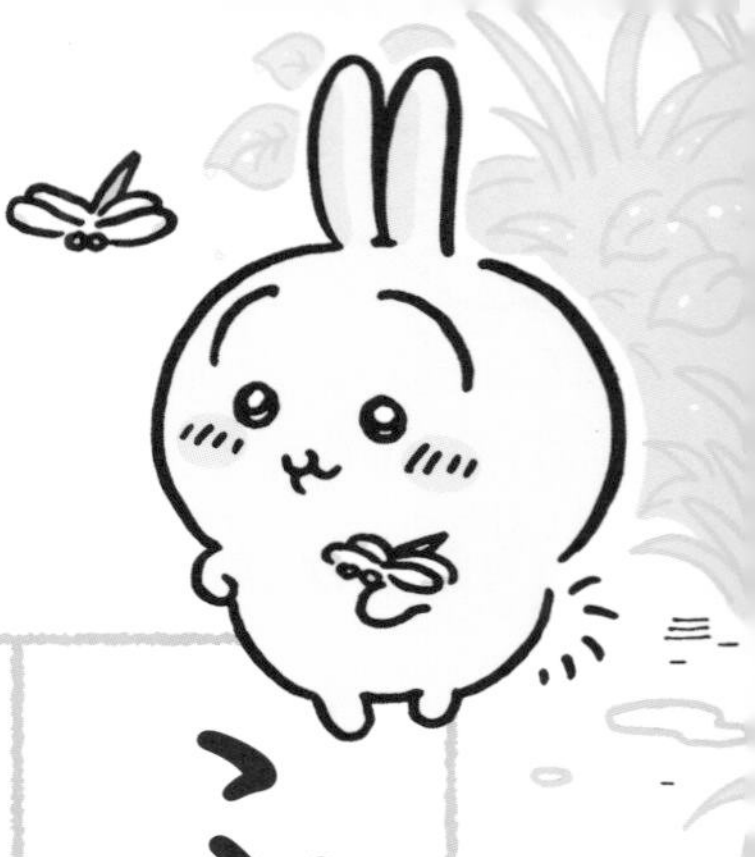

れい（うさぎ）

あ	う	さ	ぎ	ふ
ぱ	ん	だ	そ	と
り	す	る	め	ん
ん	か	ま	ろ	ぼ
ご	み	か	ん	ず

こたえ→62ページ

19 くらべて よもう①

ちいかわの 耳《みみ》と しっぽは まるい かたちを して います。耳も しっぽも ぜんぶ 白《しろ》い いろです。

ハチワレは、耳と あたま、そして しっぽが 青《あお》い いろです。耳の かたちは さんかくで、しっぽは ながめです。

1 耳と あたま、しっぽが 青いのは、だれですか。あう ものに ○を つけましょう。

□ ちいかわ
□ ハチワレ

2 ちいかわの 耳は どんな かたちですか。

□ かたち。

3 ハチワレの 耳は どんな かたちですか。

□

4

□に あてはまる かん字《じ》を かきましょう。

① □《よう》□《か》まえの できごと。

② いけに つり □《いと》を たらす。

③ □《ご》しゅるいの ふりかけ。

5

上《うえ》と 下《した》の ことばを ――で つないで、正《ただ》しい 文《ぶん》を つくりましょう。

① ハチワレが ・　　・ おどる

② かぜが ・　　・ とどく

③ 手《て》がみが ・　　・ ふく

ちいかわ まめちしき

うさぎの とけいは ろく音《おん》できる。

こたえ→63ページ

20 くらべて よもう②

ポシェットの　よろいさんが
ちいかわたちに　レインコートを
つくって　くれました。

ちいかわの　レインコートは
カエルの　かたちを　して
います。

うさぎは　てるてるぼうず、
ハチワレは　かたつむりです。

かたつむりの　レインコートは
せなかに　からが　あって、
タオルを
しまう　ことが
できます。

1 うさぎの　レインコートは　なんの　かたちを　して　いますか。あう　ものに　○を　つけましょう。

- □ カエル
- □ てるてるぼうず
- □ かたつむり

2 ハチワレの　レインコートは　せなかに　なにが　ありますか。

□

3

□に あてはまる かん字《じ》を かきましょう。

① ノートに □《な》まえを かく。

② □《しょう》□《がつ》に おもちを たべる。

③ まいあさ □《しち》じに おきる。

4

かん字の たしざんを しましょう。

れい　立 ＋ 日 ＝ 音

① 日 ＋ 十 ＝ □

② 木 ＋ 木 ＝ □

ちいかわたちは なかみが 入《い》れかわった ことが ある。

こたえ→63ページ

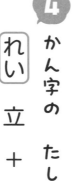

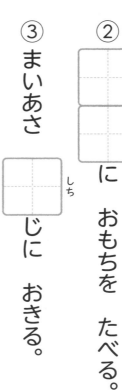

21 どんな じゅんばん①

ぎょにくソーセージを
クレープきじで　まいた
ものを　つくります。
まず、クレープきじを
やきます。
つぎに、森《もり》へ　いって
ぎょにくソーセージを
しゅうかくします。
ぎょにくソーセージを
みじかく
きって、
クレープきじで
まいたら
できあがりです。

1 なんの　つくりかたですか。

ぎょにくソーセージを
クレープきじで

［　　　］もの。

2 つくりかたの　じゅんばんに
1〜3の　ばんごうを
かきましょう。

□ ぎょにくソーセージを　クレープきじで　まく。

□ クレープきじを　やく。

□ ぎょにくソーセージを　しゅうかくする。

3

□に あてはまる かん字《じ》を かきましょう。

① □《た》ちぐいそばの おみせに いく。

② なつ□《やす》みに りょこうを する。

③ □《せん》□《えん》さつで しはらう。

4

なかまの ことばを □ から ぜんぶ えらんで かきましょう。

① くだもの

② のりもの

りんご　でんしゃ　バス　バナナ

ハチワレは おすしを にぎる。

こたえ→63ページ

せつめい文《ぶん》

22 どんな じゅんばん②

10ぷん

月　　日

ちいかわたちは、草《くさ》むしりの ろうどうを する ことが あります。

あさ、ろうどうの よろいさんの ところへ いって、「草むしり」の ふだを とります。ふだが とれたら 草むしりを します。

その あと、とった 草を よろいさんの ところへ もって いくと ほうしゅうが もらえます。

1 なにに ついて かかれて いますか。

ろうどうの しかた。

□の

2 じかんの はやい じゅんに 1～3の ばんごうを かきましょう。

□ ろうどうの よろいさんの ところへ いって、ふだを とる。

□ よろいさんに とった 草を わたす。

□ 草むしりを する。

3

□に あてはまる かん字《じ》を かきましょう。

① □《かわ》で さかなを つかまえる。

② □《はやし》の 中《なか》を あるく。

③ □《おんな》の □《ひと》の うたごえ。

4

「どう する」に あたる ところに ——を ひきましょう。

① うさぎが ちいかわの けを きる。

② ともだちの しゃしんを とる。

③ シーサーが つくる ラーメン。

ちいかわ まめちしき

ちいかわは お気《き》に入《い》りの ぬいぐるみと いっしょに ねる。

こたえ→64ページ

まとめの　テスト

月　　日　　20ぷん

とくてん　　　　てん

シーサーが　ねつを
出《だ》して　しまいました。
ちいかわは、
くすりを
かう　ために
おみせに
きて　います。
でも、ほしい
くすりが
どうしても　見《み》つかりません。
「アッ……。」
ちいかわは　ゆう気《き》を
ふりしぼって、おみせの　人《ひと》に
こえを　かけました。

1　ちいかわの　いる　ところは　どこですか。【25てん】

□□□　の　中《なか》。

2　「こえを　かけ」た　とき　ちいかわは　どんな　気もちでしたか。あう　ものに　○を　つけましょう。【25てん】

□　ドキンドキン
□　ぷんぷん
□　うきうき

ちいかわは、なき虫《むし》だけど、
がんばりやさんです。
ハチワレは、あかるい
せいかくで、ちいかわの
かんがえて いる ことを
ことばに して
くれます。
うさぎは、
こわい もの
しらず。
いつも げん気《き》
いっぱいです。

3 なにに ついて かかれて いますか。【25てん】

ちいかわたちの ［　　　　］ に
ついて。

4 こわい もの しらずなのは だれですか。あう ものに ○を つけましょう。【25てん】

□ ちいかわ
□ ハチワレ
□ うさぎ

こたえ→64ページ

こたえとアドバイス

★おうちの　かたと　こたえあわせを　しましょう！

1 だれが　どう　する ①　P.5

❶ (○をつけるところ) べんきょう
❷ (○をつけるところ) ハチワレ
❸ ①草　②字　③小
❹ ①い　②う　③ず

アドバイス ❶文の述語に当たる部分を読み取る練習です。一文目に「ちいかわと　ハチワレが　べんきょうして　います」とあることに注目させましょう。
❷イラストだけを見て答えているかもしれません。「どこに書いてあるかな」などと質問し、答えは文章中に書いてあることを学ばせましょう。

2 だれが　どう　する ②　P.7

❶ つり
❷ (○をつけるところ) ちいかわ
❸ ハチワレ
❹ ①山、夕日　②先生　③一口
❺ (○をつけるところ) ①ヨ　②ツ

アドバイス ❶文章に「つりを　しにきて　います」と書かれていることに気づかせましょう。
❷文章中に「ちいかわは　その　虫がにが手」だと書かれています。
❸最後の一文に「ハチワレが　つりばりに　えさを　つけて　くれました。」とあります。

3 いつ　どこで ①　P.9

❶ (○をつけるところ) ひる
❷ (○をつけるところ) 花が　さくのはら。
❸ ①雨　②早　③玉、人気
❹ (○をつけるところ) ①へ　②を

アドバイス ❶「おひるごはんを　たべて　います」とあることから、昼の出来事だとわかります。
❷「お花が　さく　のはらで」とあることから、「のはら」だとわかります。イラストだけで判断しないように、「のはら」という言葉に気づかせましょう。

4 いつ　どこで ②　P.11

❶ よる
❷ (○をつけるところ) いえの　そと。
❸ ドア
❹ ①十年　②四人　③足
❺ ①2　②1　③3

アドバイス ❶「ちいかわは、よるおそくまで　がんばって　べんきょうして　いました」とあることから、夜遅い時間の出来事だとわかります。
❷「そとに　出た　ちいかわは」とあることから家の外であるとわかります。
❸「ドアの　よこに　ふくろが　おいて　あるのを　見つけました」とあることから、ふくろが置いてあったのは「ドアの　よこ」です。

5 なんの　はなし ①

P.13

❶（○をつけるところ）ちいかわの
いえ。

❷（○をつけるところ）
かまくらの　ような　かたちを　した
いえ。

❸①二、入　②森　③耳

❹①に　②の　③を

アドバイス ❶文章のテーマを読み取る練習です。一文目に「ちいかわのいえは」とあることに注目し、「ちいかわの　いえ」について説明した文章だということを読み取らせましょう。❷「白くて、かまくらのような　かたちを　して　います」とあります。❹助詞の使い分けの問題です。つまずいた場合は、声に出して読ませましょう。

6 なんの　はなし ②

P.15

❶ポシェット

❷（○をつけるところ）ポシェットの
よろいさんと　おそろい。

❸①赤　②白、犬　③学校

❹（○をつけるところ）①モモンガの
あたまを　なでる。
②くりまんじゅうは、おでんが
すき。

アドバイス ❶「ポシェット」について説明した文章であることを読み取らせましょう。❷「ポシェットの　よろいさんも……つかって　います」とあります。「おそろい」とは、同じものを使っている状況を指すことを教えてあげましょう。❹①文の終わりには「。」を使わないことを覚えさせましょう。

7 だれが　どう　する ③

P.17

❶すきやき

❷（○をつけるところ）ハチワレ

❸①空、見上　②子　③下

❹①か　②もく　③ど、にち

アドバイス ❶一文目に「きょうは、ちいかわの　いえで　すきやきパーティーです」とあることに注目させます。「だれが、何をしているのかな？」などと問いかけてあげましょう。ちいかわたちが、すきやきパーティーをしていると答えられれば満点です。❷「ハチワレが　うたいだしました」とあることから、判断できます。❹月曜日～日曜日を全部覚えているか、確認しましょう。

8 だれが どう する ④

P.19

1 (○をつけるところ) くろい トコを ふまないで あるく。

2 ちいかわ

3 ①百円 ②村 ③目

4 ①大きい ②下 ③右 ④入る

アドバイス

1 ハチワレの発言に「くろい トコ ふまないように してるの」とあることに気づかせましょう。

2 文章中に「ちいかわも まねして やって みました」とあります。

9 いつ どこで ③

P.21

1 (○をつけるところ) 大雨の 日。

2 (○をつけるところ) ハチワレの すむ どうくつ。

3 ①虫 ②中 ③音

4 ①、 ②。 ③、

アドバイス

1 「とつぜん 大雨に」とあることから、「大雨の 日」の出来事だとわかります。

2 「大あわてで どうくつに にげこむと、そこは ハチワレの いえでした」とあることから、よろいさんたちがいるのは、「ハチワレの すむ どうくつ」だとわかります。

ごほうび① せんつなぎと カタカナパズル

P.23

1

2 ○＝ラ △＝メ □＝ン

アドバイス

1 五十音の順番がまだ曖昧な場合は、ひらがな表を見えるところに貼っておいたり、声に出して読ませたりなどして、習得できるように練習させましょう。

2 まずは思いついた言葉からうめさせましょう。まわりにあるイラストもヒントとなります。

10 いつ どこで ④

P.25

1 (○をつけるところ) はる

2 さくら

3 ギター

4 ①花、見 ②三 ③手

5
- ①月よう日《び》 — げつ
- ②金よう日 — きん
- ③水よう日 — すい

アドバイス イラストだけではなく、文章中の言葉にも着目させましょう。

1 最初の一文から、季節がわかります。

2 二文目に「さくらの 木の 下で お花見を して います」と書かれています。

3 「ギタア」ではなく、「ギター」と長音を使って書くことに注意させましょう。

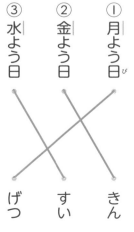

11 なんの　はなし ③

P.27

1 （〇をつけるところ）ハチワレの　いえ。

2 どうくつ

3 とびら

4 ①気、入、青　②石　③町

5 ①を　②は

アドバイス

1 一文目に「ハチワレの　いえは」とあることに注目させ、「ハチワレの　いえ」について説明した文章だということを読み取らせましょう。

2 一文目に「ハチワレの　いえは、どうくつです」と書かれています。

3 二文目に「入り口に　とびらは　ありません」とあり、以下とびらがないことによる出来事が説明されています。

12 なんの　はなし ④

P.29

1 ごはん

2 （〇をつけるところ）ふたを　しめる。

3 ①水　②金　③文

4 ①むいか　②ここのか　③ついたち

アドバイス

1 「たきたての　ごはんが　わく　ばしょが　あります」と書かれています。

2 「ふたを　しめれば　また　もとどおり」とあります。

ごほうび② しりとりめいろと　かん字パズル

P.31

1

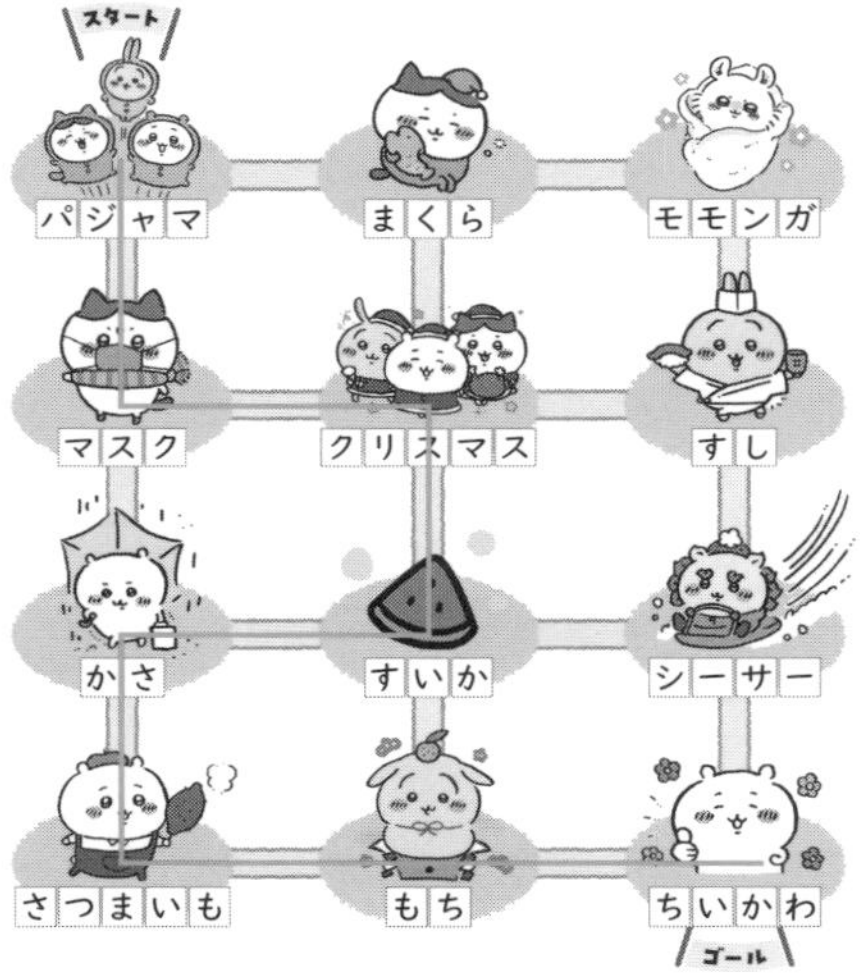

2 名・音・男・草・森（順不同）

アドバイス

1 二通りの道に進めるところがありますが、一方はゴールすることができません。先を見て、どちらの道に進むべきかを判断するよう促しましょう。

2 空いている箇所に、上の部分と下の部分を組み合わせて書いてみるなどして、正しい漢字になるかを確認させましょう。また、知らなかった漢字は、覚えられるように練習させましょう。

13 どんな ようす ①

P.33

❶ クリスマス

❷ （○をつけるところ） わくわくしている。

❸ ①車 ②本 ③木

❹ ①3 ②2 ③5

アドバイス ❶ 最初の一文に「あしたは、クリスマス」とあることから、クリスマスの前の日の話であるとわかります。

❷ 「あしたの あさが たのしみでしかたが ありません」とあることに注目させ、わくわくしている様子を読み取らせましょう。

14 どんな ようす ②

P.35

❶ （○をつけるところ） どらやきのなかみが しりたい ようす。

❷ びっくり

❸ ①王 ②六 ③大男

❹ ①ピカッと ②ガチャッと

アドバイス ❶ 「どらやきの なかみは なんでしょう。ちいかわと ハチワレは どらやきの 中を のぞきこみました」とあります。食べたい気持ちは考えられないことではないですが、文章に書かれていないので、推測にすぎません。

❷ 「どらやきの 中から うさぎが出て きて びっくり」とあるので、「びっくり」した様子が正解です。

15 どんな 気もち ①

P.37

❶ （○をつけるところ） わくわく

❷ （○をつけるところ） かなしい気もち。

❸ ①花 ②天 ③貝

❹ ①ふつか ②とおか ③ようか ④いつか

アドバイス ❶ アイスが当たることを願いながら食べているので、当たりを期待する気持ち、「わくわく」があてはまります。

❷ アイスが当たらなくて「しょんぼり」していることから、かなしい気持ちでいるとわかります。

16 どんな 気もち ②

P.39

❶ （○をつけるところ） ポシェットのよろいさんの パジャマが すき。

❷ （○をつけるところ） うれしい気もち。

❸ ①右、左 ②九 ③土

❹ （——をひくところ） ①よろいさんが ②すきやきが ③モモンガが

アドバイス ❶ 手紙の文章から、ポシェットのよろいさんが作ったパジャマへのファンレターであるとわかります。

❷ 「とても よろこびました」とあるので、うれしい気持ちだとわかります。

17 だいじな ところ ①

P.41

1 空中

2 (〇をつけるところ) せなかに のれる ところ。

3 ①火 ②田 ③竹

4 ①ひくい (やすい) ②ながい ③あつい

アドバイス

1 「いつも 空中を ただよって います」とあります。

2 二段落目に「マンボウの すごい ところは、せなかに のれる ところです」とあります。

4 ①「高い」が、高さについて言う場合の反対の言葉は「低い」、値段について言う場合の反対の言葉は「安い」です。

18 だいじな ところ ②

P.43

1 (〇をつけるところ) うさぎの いえは どこに あるのか。

2 (〇をつけるところ) ちいかわたちも しらない。

3 ①出 ②月 ③力

4 (〇をつけるところ) ①パチパチ ②ニコニコ ③ゴクゴク

アドバイス

1 2 ①が問い、②が①の問いの答えになっています。「うさぎの いえは どこに あるのでしょうか」という問いに対し、「うさぎの いえは、まだ だれも しりません」がその答えです。

4 「ザーザー」、「バタバタ」、「グツグツ」もどういった動作や様子を表す言葉なのか、考えさせましょう。

ごほうび③ かん字パズルと ひらがなパズル

P.45

1 ①三 ②十 ③車 ④早

2

れい

あ	う	さ	ぎ	ふ
ぱ	ん	だ	そ	と
り	す	る	め	ん
ん	か	ま	ろ	ぼ
ご	み	か	ん	ず

アドバイス

1 左右対称の漢字です。わからないときは、左側の対称となる形を右側に書かせましょう。

2 なかなか見つからないときは、まずは縦の列、次に横の列など、順番に整理して探していきましょう。

19 くらべて　よもう ①

P.47

1 （〇をつけるところ）ハチワレ

2 まるい

3 さんかく

4 ①八日　②糸　③五

5

①ハチワレが ― おどる

②かぜが ― ふく

③手《て》がみが ― とどく

アドバイス　イラストだけで判断することがないよう、文章にも目を向けさせましょう。

1 ちいかわは、「ぜんぶ　白い　いろ」、ハチワレは「耳と　あたま、そして　しっぽが　青い　いろ」です。

2 一文目に「ちいかわの　耳と　しっぽは　まるい　かたちを　して　います」とあります。

3 ハチワレについて、「耳の　かたちは　さんかく」とあります。

20 くらべて　よもう ②

P.49

1 （〇をつけるところ）てるてるぼうず

2 から

3 ①名　②正月　③七

4 ①早　②林

アドバイス　1「うさぎは　てるてるぼうず」とあります。

2 ハチワレのレインコートは何の形か→かたつむりのレインコートの背中には何があるか、と順を追って理解させましょう。

21 どんな　じゅんばん ①

P.51

1 まいた

2
3　ぎょにくソーセージを　クレープきじで　まく。
1　クレープきじを　やく。
2　ぎょにくソーセージを　しゅうかくする。

3 ①立　②休　③千円

4 ①りんご、バナナ　②でんしゃ、バス

アドバイス　1 冒頭の一文から、この文章には「ぎょにくソーセージを　クレープきじで　まいた　もの」の作り方が書かれていることがわかります。

2「まず」「つぎに」の言葉を手掛かりに、手順を読み取らせましょう。

22 どんな　じゅんばん ②

P.53

1 草むしり

2 1　ろうどうの　よろいさんの　ところへ　いって、ふだを　とる。

3　よろいさんに　とった　草を　わたす。

2　草むしりを　する。

3 ①川　②林　③女、人

4 (——をひくところ) ①きる　②とる　③つくる

アドバイス 1 札をとって、草むしりをして、報酬をもらう、という「草むしり」の手順が書かれています。

2「あさ」「その　あと」の言葉を手掛かりに、時間の順番を読み取らせましょう。

4 述語（どうする）を見つける問題です。動作を表す言葉を見つけさせます。

テスト　まとめの　テスト

P.55

1 おみせ

2 (○をつけるところ) ドキンドキン

3 せいかく

4 (○をつけるところ) うさぎ

アドバイス 1「くすりを　かう　ために　おみせに　きて　います」と書かれています。

2「ゆう気を　ふりしぼって、おみせの　人に　こえを　かけました」とあることから、ちいかわの、ドキンドキンとする気持ちを読み取らせましょう。

3「なき虫」「がんばりやさん」「あかるい　せいかく」「こわい　もの　しらず」などの言葉から、ちいかわとハチワレとうさぎの「せいかく」について書かれていることを読み取らせましょう。

4「うさぎは、こわい　もの　しらず」とあります。